LE FONCTIONNAIRE-CITOYEN,

OU QUELQUES MOTS

SUR LA NATURE DES FONCTIONS PUBLIQUES

ET SUR LES DEVOIRS QU'ELLES IMPOSENT.

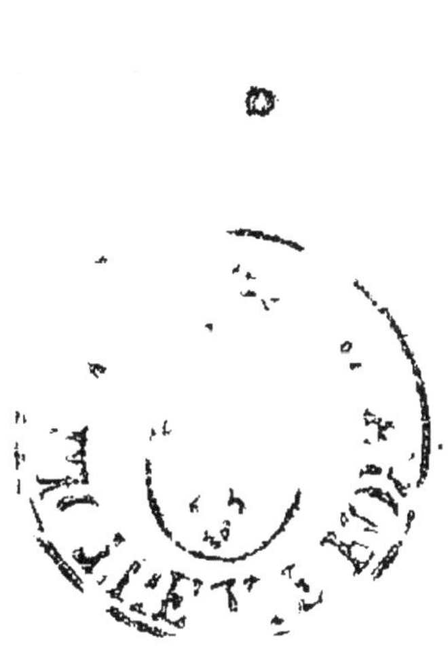

PARIS — IMPRIMERIE DE FAIN,
Rue Racine, n° 4, place de l'Odéon.

LE

FONCTIONNAIRE-CITOYEN,

OU QUELQUES MOTS

SUR LA NATURE DES FONCTIONS PUBLIQUES

ET SUR LES DEVOIRS QU'ELLES IMPOSENT

Par A. J. Lherbette.

PARIS,

CHEZ SAUTELET, PLACE DE LA BOURSE.

1827.

De tous côtés un cri de désapprobation s'élève contre le Ministère et contre ses nouveaux projets de lois : il y répond avec *cette éloquence qu'il conservera toujours*, celle des destitutions.

Elle a déjà frappé sur plusieurs fonctionnaires publics : elle peut en intimider beaucoup d'autres.

Dans un moment où l'on ne néglige rien pour les effrayer ou les corrompre, il n'est pas inutile de leur rappeler les principes sur la nature de leurs fonctions et sur les devoirs qu'elles imposent, tant envers la société qu'envers le Gouvernement.

Ces principes, d'une extrême simplicité, ont été déjà souvent établis ; mais souvent aussi ils sont attaqués, méconnus ou oubliés. On va tâcher de les retracer ici en peu de mots.

En littérature, on devrait n'écrire que pour exprimer des idées nouvelles : en politique, une chose eût-elle été dite cent fois, il ne faut pas craindre de la redire encore, quand l'intérêt public le demande. La politique n'est point un théâtre sur lequel on vienne briller ; c'est une arène où l'on combat ; les écrits y sont des armes : et, pour se servir d'une arme, on n'examine point si elle a été déjà employée, mais s'il est bon de l'employer encore.

La place naturelle d'idées politiques inspirées par les circonstances, et dont on sollicite la mise en pratique, est dans les journaux : mais le sujet, s'il ne s'est pas agrandi, s'est malheureusement allongé sous ma plume, et force m'a été de recourir à la brochure, aide des journaux, et frappée, à ce titre, d'une égale réprobation ministérielle.

Pour journaux et brochures, profitons des courts instans qui nous restent : profitons-en pour y développer les principes d'une sage liberté et d'une noble indépendance. Encore quelque temps, et la presse enchaînée ne donnera peut-être plus naissance qu'à des mandemens ou à des réquisitoires : ce n'est pas là qu'on ira chercher de telles doctrines.

LE

FONCTIONNAIRE-CITOYEN,

OU QUELQUES MOTS

SUR LA NATURE DES FONCTIONS PUBLIQUES ET SUR LES DEVOIRS QU'ELLES IMPOSENT.

QUELLE que soit la forme d'un Gouvernement (1), ses chefs sont obligés de choisir, pour les aider, dans leurs travaux, des hommes auxquels ils délèguent diverses fonctions.

C'est de ces fonctionnaires de second ordre qu'on va s'occuper dans cet écrit.

On n'en traitera que sous le rapport de leurs devoirs, tant envers la société qu'envers le Gouvernement.

Ces devoirs découlent de la nature même des fonctions, qu'il faut dès lors préalablement expliquer.

---

(1) Dans toute cette dissertation, le mot de *Gouvernement* ne reçoit que l'acception restreinte de *Pouvoir exécutif*, excepté quand on y joint l'expression de *représentatif*.

CHAPITRE PREMIER.

De la nature des Fonctions publiques.

L'ORGANISATION des fonctions publiques diffère selon la population, l'étendue, la situation, les ressources, la civilisation du pays, et aussi selon l'esprit du siècle, qui finit toujours par faire les institutions.

Chez la plupart des peuples modernes, voici comment sont divisés les fonctionnaires publics :

Les uns sont chargés de pourvoir aux divers besoins de l'État, de maintenir l'harmonie dans les choses, de surveiller les personnes : ils composent l'*Ordre Administratif.*

D'autres jugent les questions élevées sur l'application des lois, et prononcent des peines contre les infractions de ces lois : ils constituent l'*Ordre Judiciaire.*

Enfin, il faut employer la force contre les perturbateurs à l'intérieur et contre les ennemis au dehors. Quelquefois, chaque citoyen prête son secours à cet effet ; d'autres fois, et c'est aujourd'hui ce qui a lieu le plus fréquemment, quelques-uns sont spécialement chargés de cette fonction : ils forment l'*Ordre Militaire*.

Les deux premiers Ordres sont souvent réunis sous la dénomination commune de *Civil*, le dernier conservant toujours le nom de *Militaire*.

Ces différens Ordres sont institués pour l'utilité de la société. Leurs fonctions doivent donc être remplies dans la vue de cette utilité, et l'exercice de ces fonctions est un devoir.

L'accomplissement de ce devoir sera onéreux ou profitable, en d'autres termes, les fonctions publiques seront, pour ceux qui les exerceront, des charges ou des avantages, selon l'état de la société.

Dans les États naissans, les fonctions civiles prennent peu de temps, n'empêchent pas les hommes qui en sont chargés de subvenir à leurs propres besoins, et n'exigent pas qu'une indemnité leur soit accordée. A l'égard des fonctions militaires, elles n'y sont pas une condition distincte et permanente pour quelques-uns; mais une condition commune et momentanée pour tous, et sont dès lors gratuites.

Dans les États, au contraire, dont la civilisation est avancée, les fonctions civiles absorbent presque tous les instans des hommes à qui elles sont dévolues ; et la société, à laquelle ils consacrent tous leurs travaux, doit satisfaire à leurs besoins personnels. Un corps d'hommes spécialement adonnés au métier des armes y est aussi de toute nécessité, lorsque l'industrie du pays, très-développée, réclame des soins non interrompus ; lorsqu'elle est manufacturière, plutôt qu'agricole ; et surtout lorsque la guerre est devenue un art qui demande une étude profonde, un ensemble parfait, une discipline exacte, une habitude d'obéissance continuelle. Or, du moment qu'il y a des hommes uniquement livrés au service militaire, il leur faut, pour ce service, une solde qui les fasse vivre.

Les fonctions civiles emploient, en général, moins d'hommes et veulent plus d'études préparatoires que les fonctions militaires. Elles peuvent et doivent donc être payées plus cher. Les premières seront ainsi presque toutes des avantages ; tandis que, dans les autres, les supérieures seules, celles des officiers, seront des avantages, et que les inférieures, celles des soldats, seront des charges.

En outre, plus les lumières sont à un degré

élevé, plus les travaux de l'esprit ont de supériorité sur ceux du corps; plus alors, dans l'art de la guerre, les combinaisons sont nécessaires; plus aussi elles sont profondes; et plus les conceptions de quelques-uns suffisent pour faire mouvoir de grandes masses : par conséquent, plus les places éminentes diminuent en nombre et deviennent difficiles à occuper. Ces deux causes enlèvent aux inférieurs des chances d'avancement, et rendent leur sort encore plus désavantageux.

Par ces motifs, pour toutes les fonctions civiles, et pour les principales fonctions militaires, il se présentera beaucoup de concurrens, et pour les dernières fonctions militaires, il ne s'en offrira qu'un fort petit nombre. Pour les unes, on n'aura qu'à choisir; pour les autres, il faudra contraindre.

Les avantages attachés aux diverses fonctions peuvent être matériels ou moraux, pécuniaires ou honorifiques.

Comme il est inutile de payer deux fois ce qu'on peut ne payer qu'une, il ne faut pas, en général, allouer à une seule fonction ces deux genres d'avantages. Il est même bon que, dans les places comme dans les professions, l'argent et la considération soient toujours en raison inverse, afin que l'équilibre des avantages se maintienne, et qu'il se trouve des hommes pour toutes les places et pour toutes les professions. C'est un principe qu'oublient beaucoup de personnes, lorsqu'elles se récrient contre des institutions qui laissent sans bénéfices des attributions honorables, ou contre des préjugés qui entachent des carrières lucratives. Il le sentait bien cet acteur qui, entendant un militaire se plaindre de ses faibles appointemens comparés, disait-il, à ceux d'un histrion, lui répondit avec noblesse : « Comptez-» vous donc pour rien le droit de me parler » ainsi ? » Les bénéfices d'un acteur égalent souvent les appointemens d'un maréchal de France : que l'opinion publique n'établisse pas de différence entre ces deux hommes, et quel motif alors pourra engager à préférer une vie dure et périlleuse à une existence agréable et assurée, à monter à l'assaut plutôt que sur les planches ?

Si toutes les fonctions de l'État étaient environnées d'une assez grande considération pour être recherchées, dans le seul désir de cet avantage, elles seraient gratuites, et ne nécessiteraient aucun impôt.

Il est même arrivé quelquefois que la considération attachée aux places a été telle que, au lieu de se faire payer, on a payé pour les occuper. C'est ce que l'on voyait à Rome, où la plus petite fonction municipale était si ambitionnée que chaque citoyen était prêt, pour l'obtenir, à souscrire des soumissions de haut prix. C'est ce que l'on vit aussi en France, avant notre dernière révolution, pour plusieurs grades militaires et pour les charges de judicature. Cette vénalité, toutefois, ne devrait exister que pour les offices qui n'exigent que peu de responsabilité, d'instruction et d'intelligence.

Les fonctions honorifiques ont encore un autre avantage sur les fonctions pécuniaires, c'est qu'elles sont généralement remplies par des hommes plus estimables. Car, bien que la vraie philosophie mène à faire plus de cas de sa propre conscience que des jugemens d'autrui, et quelquefois même à mépriser l'opinion publique, il n'en est pas moins vrai que l'homme mû par l'amour de la considération est ordinairement meilleur que celui qui est mû par l'amour de l'argent.

Il est, dans l'existence des sociétés, des époques où les révolutions opérées dans toutes les classes; les changemens multipliés qu'entraînent les triomphes successifs des partis; les élévations rapides d'hommes médiocres ou diffamés; les destitutions brusques et humiliantes d'hommes honorables ou puissans; enfin l'esprit d'analyse, qui se propage, dissipent le prestige qui, dans des temps tranquilles ou moins positifs, environne les fonctionnaires publics. Le peuple s'habitue alors à en faire moins de cas; par conséquent, il faut qu'il les paye plus cher, et qu'il les ait plus mauvais. Quand il s'en venge par de nouveaux dédains, il ne se doute pas qu'il faudra compenser ces dédains par de nouveaux salaires, et que la pile d'or doit croître avec la dose du mépris.

Tout Gouvernement, ne fût-ce que par économie, devrait donc faire ses efforts pour rehausser la considération de ses fonctionnaires. Y réussirait-il en destituant les hommes privés de cette flexibilité qui fait ployer aux caprices du pouvoir ; de cette atonie qui fait attendre un ordre pour penser ; de cette conscience de cire qui reçoit toutes les empreintes; les hommes qui sentent en eux trop de droiture pour devenir des esclaves de parti, des instrumens d'intrigue ou d'oppression? Y réussirait-il en donnant les places qui réclament le plus de probité à des êtres qui lui auraient vendu leurs voix et leurs services ? On veut souvent les honorer ces êtres méprisables, les relever de la boue dans laquelle on les a fait se traîner : on onblie que l'homme vil n'est point honoré par des places, mais que les places sont déshonorées par lui. L'argent n'est-il donc pas assez bon pour de telles créatures?

CHAPITRE II.

Des Devoirs des Fonctionnaires publics.

Le Gouvernement, institué dans l'intérêt de la société, ne peut agir que conformément au but de son institution. Il ne peut non plus transmettre d'autres droits que ceux dont il est lui-même investi.

L'intérêt de la société, voilà donc le but auquel doivent tendre toutes les actions des fonctionnaires qu'il nomme; et l'intérêt du Gouvernement lui-même ne doit être à leurs yeux que secondaire.

En acceptant des fonctions d'un gouvernement, on s'oblige seulement à l'aider pour servir la société; on ne devient pas son esclave pour le servir personnellement. L'acceptation de fonctions publiques n'est pas une renonciation aux devoirs de citoyen; elle n'est qu'un moyen de les exercer.

Arrivons aux applications.

Le Gouvernement change; ou bien il reste

le même, et seulement les chefs en sont changés : le fonctionnaire doit-il continuer ses fonctions ?

Quelle que soit la forme du Gouvernement, quels qu'en soient les chefs, le bien de la société veut toujours que les diverses fonctions soient remplies.

Reprocher à des fonctionnaires de n'avoir pas donné leur démission sous un gouvernement ou sous un gouvernant qui a succédé à celui qui les avait placés, c'est leur dire : « Il fallait, Administrateurs, laisser dans le chaos toute l'organisation politique ; Magistrats, cesser de rendre vos jugemens, de protéger l'innocence, de punir le crime : Militaires, ne plus prêter vos bras pour maintenir les perturbateurs au dedans et repousser les ennemis au dehors. Le désordre eût régné partout ; la fortune publique et les fortunes privées eussent été anéanties ; des crimes sans nombre eussent été commis ; le pays eût été envahi, saccagé : n'importe. Tout ce qui arrive sous un Gouvernant illégitime étant entaché de nullité, on en aurait été quitte pour regarder ces maux comme non avenus. Les hommes eussent péri, l'État succombé : n'importe. Vous n'eussiez point donné le déplorable exemple d'hommes qui veulent que les lois, l'ordre, la tranquillité, règnent dans tous les temps, dans toutes les circonstances, sous tous les gouvernans. »

Le capitaine d'un navire est expulsé ou chargé de fers, ou massacré par des rebelles; la tempête éclate; le vaisseau est en danger : le pilote doit-il abandonner le gouvernail, les officiers ne plus commander les manœuvres, les matelots ne les plus exécuter; faut-il périr?

Ceux que le sentiment du devoir a portés à cesser d'occuper des places quand le gouvernant qui les leur avait conférées avait cessé lui-même d'occuper la sienne, n'ont donc pas senti que le gouvernant ne pouvait et n'était censé donner des places que dans la vue de l'utilité publique; que c'était, par conséquent, envers la société en premier lieu, et très-secondairement envers lui, qu'ils contractaient des engagemens. Ils ont envisagé la question sous un point de vue rétréci; ils ont raisonné en serviteurs fidèles. S'ils s'étaient élevés jusqu'à la hauteur du citoyen, l'horizon se serait agrandi, ils auraient vu plus loin, ils auraient mieux jugé.

Mais ces actes d'un jugement erroné et d'un cœur droit sont rares, très-rares, et d'un exemple peu contagieux. Il est beaucoup plus fréquent de voir des hommes disposés à servir aveuglément tous les gouvernans successifs, sans jamais songer à l'État, auquel ils se doivent. L'un d'eux, grand dignitaire sous Napoléon, et encore grand dignitaire sous Louis XVIII, disait, à ce sujet : « Que voulez-vous? j'ai besoin d'a- » voir un maître à servir! » Cet homme méritait un collier d'honneur.

Les mêmes raisons montrent que le devoir ne défend pas d'accepter des places sous un gouvernement dont on ne partage pas les opinions. Seulement, il faut que ces places soient de nature à ne jamais nous obliger au sacrifice de notre conscience, et que, si l'occasion s'en présente, nous soyons toujours prêts à garder nos sentimens, à les prendre pour règles de nos actions, et à perdre nos places.

Subordonnés au gouvernement et choisis par lui, sans contredit, tous les fonctionnaires lui doivent obéissance. Mais la lui doivent-ils absolue?

N'a-t-il pas bien mérité de la patrie, de l'humanité, ce généreux baron d'Orthez, répondant à Charles IX, qui lui ordonnait de faire massacrer les Protestans de Bayonne : « Sire, » je n'ai trouvé parmi les habitans et les gens » de guerre que de bons citoyens, de braves

» soldats, et pas un bourreau; ainsi eux et » moi supplions Votre Majesté d'employer nos » bras et nos vies à choses faisables ? »

Répliquera-t-on qu'il ne s'agit ici que de lois d'humanité, qu'aucun ordre ne peut faire violer? On aura déjà fait une concession dont les conséquences sont nombreuses. Mais allons plus loin; prenons des lois écrites, des conventions. Un fonctionnaire devrait-il obéir à l'ordre de les enfreindre?

S'il est vrai que le Gouvernement ne peut agir contre les lois; que tout ordre qu'il donnerait contraire aux lois serait une trahison, la question se réduit alors à demander si un fonctionnaire doit s'en rendre complice; si la trahison est un devoir.

Les ordres du gouvernement ne doivent donc être suivis qu'autant qu'ils ne blessent ni la morale ni la législation. A ces deux limites s'arrête l'obligation d'obéissance pour tous les fonctionnaires, sans exception, civils ou militaires.

Mais, d'un autre côté, comme il faut, pour le bien et la conservation de l'État, qu'il y ait harmonie entre les diverses fonctions; que, dès lors, chacun ne puisse pas, dans toutes les circonstances, décider d'après son propre jugement, et entraver ainsi la marche du gouvernement ; comme, d'ailleurs, des considérations sages, mais connues du gouvernement seul et ne devant pas être divulguées par lui, peuvent avoir nécessité de sa part un ordre injuste en apparence, sans l'être dans la réalité, il s'ensuit que, dans la sphère, dans les points où il est en droit d'exercer son action, les fonctionnaires, ainsi que les autres citoyens, ne sont autorisés à refuser obéissance qu'à ceux de ses ordres qui présentent d'une manière évidente, indubitable, cette lésion aux lois de la morale ou aux lois positives. Dans le doute, ils doivent obéir.

Que si l'on accusait cette doctrine de trop restreindre les cas où un fonctionnaire pourra développer un noble courage, une généreuse inertie, on n'a qu'à se souvenir, qu'à voir, qu'à prévoir, et peut-être lui adressera-t-on bientôt le reproche contraire.

Mais qui décidera si, dans un ordre du gouvernement, existe réellement ce degré d'immoralité ou d'illégalité que doit suivre le refus d'obéissance ?

Il est clair que chacun ne peut avoir pour juges que ses propres lumières, sa propre conscience. Consultez-la franchement cette conscience, et elle ne vous égarera jamais : ou, si elle vous induit dans des erreurs, ces erreurs seront toujours honorables. Elles pourront être blâmées de la multitude ; mais elles vous obtiendront l'estime des hommes sachant sentir et penser, et, ce qui vaut mieux encore, votre propre estime.

Remarquons ici que la sphère d'action du Gouvernement sur les fonctionnaires varie selon la nature des fonctions.

Le pouvoir discrétionnaire qui leur est attribué diffère nécessairement selon que la fonction est plus ou moins de raisonnement. Le magistrat est entièrement abandonné à lui-même, et ne reçoit d'ordres que de la loi : l'administrateur est abandonné à lui-même pour une série d'actes, mais reçoit des ordres du gouvernement pour les principaux : le militaire en reçoit presque pour chaque acte, et à chaque instant. En outre, plus un fonctionnaire a de force entre les mains, plus il est besoin de le surveiller. Le militaire, que ses armes rendent si redoutable, doit donc être plus surveillé que l'administrateur ; l'administrateur, dont le pouvoir s'exerce chaque jour sur la généralité des citoyens, et par un grand nombre d'actes, doit l'être plus que le magistrat, dont l'autorité ne se fait sentir que momentanément, sur quelques-uns, et pour quelques actes seulement. De ces principes on peut déduire deux régles pour l'action du gouvernement sur les fonctionnaires. Elle devra être d'autant plus grande que la fonction sera moins de raisonnement ; d'autant plus grande encore que le fonctionnaire devrait inspirer plus de crainte s'il n'était pas dominé par un pouvoir supérieur.

L'action du Gouvernement est moindre sur l'administrateur que sur le militaire ; elle est nulle sur le magistrat.

Il est des fonctionnaires qui sont investis d'attributions multiples : ils doivent alors suivre des régles différentes, selon qu'ils exercent l'une ou l'autre de ces attributions.

Des administrateurs, des militaires remplissent quelquefois des fonctions judiciaires ; des magistrats des fonctions administratives. Un préfet au conseil de préfecture, un militaire au conseil de guerre, sont des magistrats. Un membre du ministère public est administrateur pour toutes les mesures de surveillance et d'ordre public qui lui sont confiées, pour déférer aux tribunaux les actes répréhensibles, et pour suivre l'exécution des jugemens, mais magistrat pour porter la parole avant le jugement.

Un fonctionnaire n'est tel que dans ses fonctions ; il ne s'est engagé que pour la place qu'il a acceptée : ses chefs n'ont ainsi d'autorité sur lui que relativement à ces fonctions.

Malheureusement, l'esprit de commandement ne s'arrête pas; et souvent aussi l'esprit de soumission ne s'arrête pas plus que celui de commandement.

Il serait alors à désirer que les hommes honorés de fonctions où ils sont appelés à concourir à la confection des lois qui dominent le Gouvernement, à censurer ses actes, à mettre en accusation ou à juger ses membres, ne pussent, comme le veulent quelques Constitutions, conserver sans être réélus leurs fonctions, après avoir accepté une place ou une faveur du Gouvernement. Une disposition de plusieurs de nos Constitutions et de celle des dernières Cortès obligeait de choisir entre la qualité de fonctionnaire public et celle de député. Le principe était bon; mais la disposition avait un mauvais résultat, celui d'éloigner des chambres des hommes qui, éclairés par la pratique des diverses fonctions, peuvent répandre des lumières dans les discussions. La simple obligation de réélection paraît préférable.

Méconnaissant les règles qui viennent d'être tracées, les gouvernans réclament souvent des fonctionnaires une obéissance sans bornes, une passibilité absolue. Ils la réclament telle, même hors des fonctions de l'employé, et dans u Gouvernement représentatif.

N'a-t-on pas vu des ministres écrire à des fonctionnaires publics, que ceux qui, aux Élections, ne voteraient pas dans le sens du Ministère, et ne l'aideraient pas à faire nommer ses candidats, perdraient sa confiance? Et l'on sait qu'un Ministère sage cesse d'employer les hommes qui ont perdu sa confiance.

Mais, prétention plus étonnante, on va jusqu'à vouloir fonder la passibilité des fonctionnaires et leur coopération aux intrigues ministérielles sur la forme représentative du Gouvernement. C'est vouloir greffer le despotisme sur la constitutionnalité, l'esclavage sur la liberté.

« L'intrigue, dit-on, est de l'essence du Gouvernement représentatif. On intrigue contre le Ministère pour faire élire des hommes qui lui sont opposés : n'est-il pas obligé d'intriguer pour en faire élire qui lui soient dévoués? On intrigue pour le renverser : n'est-il pas obligé d'intriguer pour se soutenir? N'est-ce pas pour lui un droit, comme toute défense l'est contre l'attaque? Or, si le Ministère est dans la nécessité et a le droit d'intriguer, où prendra-t-il ses agens ailleurs que parmi ses fonctionnaires? Et comment pourra-t-il forcer ses fonctionnaires à devenir ses agens, autrement qu'en les tenant toujours dépendans, en les avançant ou en les destituant selon qu'ils suivront ou non son impulsion? En un mot, l'établir, c'est l'autoriser à se conserver : l'autoriser à se conserver, c'est l'autoriser à se servir pour se défendre des armes dont on se sert pour l'attaquer. Vous voulez un Gouvernement représentatif; acceptez-en les effets. »

On conçoit qu'aucune occasion n'échappe de chercher des inconvéniens au Gouvernement représentatif; n'en laissons non plus échapper aucune de le soutenir.

D'abord, quand ce serait un de ses effets que d'exiger des fonctionnaires qui lui fussent aveuglément soumis, on ne pourrait tirer de là un argument contre lui : car l'argument existerait encore plus fort contre les Gouvernemens non représentatifs.

Nous ne discuterons même pas la question de savoir si l'intrigue est de l'essence du Gouvernement représentatif : si le Ministère qui marcherait dans le sens de la nation aurait besoin d'un tel moyen; si l'intrigue n'annonce pas la faiblesse; si la faiblesse d'un Ministère ne prouve pas qu'il est en opposition avec la majorité des citoyens; si son devoir n'est pas de se conformer à la volonté de cette majorité, plutôt que d'opérer une majorité fictive; si la majorité réelle ne finit pas toujours par l'emporter; si l'intrigue enfin de la part du gouvernement empêche sa ruine, et n'amène pas à la longue la démoralisation de la société.

Nous n'avons à nous occuper que des fonctionnaires, et nous dirons simplement au Ministère : « De ce que vous croyez avoir besoin d'intriguer, s'ensuit-il que les fonctionnaires publics doivent être les intrigans? Ils ne sont pas à votre service ; ils sont réellement, ainsi que vous, au service de la nation. »

Prouvons, par l'absurde, la fausseté de cette doctrine de passibilité absolue, en en déduisant les conséquences.

Avec un ministère perfide, les administrateurs devraient donc, au besoin, devenir des instrumens de déprédations et de vexations de tous genres ; les magistrats, des instrumens d'iniquité ; les militaires, des instrumens de despotisme violent ; tous les fonctionnaires, des ennemis de la société, chargés de persécuter, de condamner, d'assassiner les citoyens qui revendiqueraient leurs droits méconnus! Il n'y a même pas de raison pour que, confondant toutes les fonctions d'agens passifs, on ne transporte le même homme d'une fonction dans une autre; on n'en fasse, tour à tour, un agent d'intrigue ou un agent de violence, un espion ou un sbire. Partisans de l'obéissance absolue au Gouvernement, voyez où mène votre doctrine ; et, si vous persistez dans le principe, ne reculez point devant les conséquences ; Mais proclamez alors que les fonctionnaires publics doivent renoncer à toute vertu, à toute pudeur; que l'abnégation de tout sentiment honnête est nécessaire pour remplir une place du Gouvernement; que les titres à sa faveur sont des titres au mépris général, ses brevets des certificats de turpitude; et, lorsqu'ensuite l'opinion publique, révoltée des actes de fonctionnaires indignes, élèvera contre les ministres sa voix accusatrice, et leur demandera pourquoi ils n'emploient que des êtres vils, ils répondront, avec un ancien lieutenant de police : « Trouvez-nous donc d'honnêtes gens » pour faire de pareils métiers. »

Entravée par des menaces et payée par des destitutions, la pratique des règles qui viennent d'être rappelées aux fonctionnaires publics demande souvent une grande fermeté de caractère et une entière abnégation de tout intérêt personnel. On le sait; mais on n'indique pas ici le chemin de la fortune ou des dignités; on n'indique que celui du devoir.

www.ingramcontent.com/pod-product-compliance
Ingram Content Group UK Ltd.
Pitfield, Milton Keynes, MK11 3LW, UK
UKHW020227200726
13856UKWH00004B/1645

9 782013 576307